RÉFLEXIONS PRATIQUES

SUR LA NÉCESSITÉ ET LA DIRECTION

DES

Patronages de Jeunes Gens

PAR

L'Abbé GATOUILLAT, du Diocèse de Troyes,

Ancien Fondateur et Directeur de Patronages.

TROYES

IMPRIMERIE PAUL BAGE

1, rue de la Trinité, 1

--

1899

RÉFLEXIONS PRATIQUES

SUR

La Nécessité et la Direction

DES PATRONAGES

RÉFLEXIONS PRATIQUES

SUR LA NÉCESSITÉ ET LA DIRECTION

DES

Patronages de Jeunes Gens

PAR

L'Abbé GATOUILLAT, du Diocèse de Troyes,

Ancien Fondateur et Directeur de Patronages.

TROYES

IMPRIMERIE PAUL BAGE

1, rue de la Trinité, 1

—

1899

A Monsieur l'Abbé NAMUR,

Chanoine honoraire,
Curé-Doyen de Romilly-sur-Seine,
Fondateur de l'École libre des Frères et du Patronage
de jeunes gens de cette paroisse,

FILIAL HOMMAGE

DE

RESPECTUEUX SOUVENIR.

PERMIS D'IMPRIMER :

Troyes, 2 février 1899.

† GUSTAVE-ADOLPHE

ÉV. DE TROYES.

Troyes, le 10 mars 1899.

CHER MONSIEUR LE CURÉ,

Je me suis fait rendre compte du travail que vous avez préparé sur la nécessité et la direction des patronages de jeunes gens, et j'ai grand plaisir à vous féliciter d'avoir consacré à rédiger ces *Réflexions pratiques* les loisirs forcés que vous a faits la maladie.

Elles seront fort utiles à tous les prêtres, et principalement à ceux qui, dans les paroisses plus importantes, auront à s'occuper des jeunes gens. Plus il se formera de patronages dans notre cher diocèse de Troyes, et plus il y aura de chances d'arracher les enfants à toutes les séductions qui les attendent au sortir de l'école et qui, en leur faisant perdre les habitudes de la vie chrétienne, compromettent si gravement leur éternité.

Je souhaite donc, Cher Monsieur le Curé, que vous ayez beaucoup de lecteurs, et, parmi vos lecteurs, beaucoup d'imitateurs. Ce sera pour vous le meilleur de tous les succès, et je m'en réjouirai dans la pensée du bien qui en résultera pour le diocèse.

Recevez, Cher Monsieur le Curé, l'assurance de mes sentiments affectueux et dévoués en Notre Seigneur.

† GUSTAVE-ADOLPHE,

Év. de Troyes.

INTRODUCTION

Un curé ne doit jamais désespérer ni de Dieu ni de sa paroisse. Ce principe est absolu : il faut l'inscrire à la première ligne de notre théologie pastorale.

Ministre de Dieu pour le salut des âmes, le curé est en droit de compter sur les grâces dont il a besoin pour remplir avec fruit son divin ministère. Dieu, qui l'a mis en charge, lui doit son secours. Se défier de Dieu serait manquer de foi et lui faire la plus grave injure.

A la vérité, dans le temps où nous sommes, les paroisses laissent bien à désirer. Beaucoup d'entre elles ne sont plus chrétiennes que de nom. Les habitants ne connaissent plus guère le chemin de l'église, les offices sont abandonnés, le confessionnal et la sainte table sont désertés ou peu s'en faut, les malades ne reçoivent pas toujours les derniers sacrements, les enfants n'ont pas plus tôt fait leur première communion qu'ils deviennent de petits païens, à l'exemple, hélas ! de leurs parents. Dans quelques paroisses, le mal est pire encore : les mariages civils sont nombreux, les enterrements civils ne sont pas rares, et bien des familles, les unes par hostilité, les autres par une insouciance déplorable, ne font plus baptiser leurs enfants.

Rien de plus douloureux, sans doute, qu'un tel spectacle pour le cœur d'un prêtre zélé, qui connaît le prix des âmes, et qui les voit s'acheminer tranquillement vers l'enfer, sans pouvoir les en empêcher. Est-ce à dire, cependant, qu'il faille désespérer de ces malheureuses paroisses ? Ne resterait-il qu'à se croiser les bras, à se voiler la face, à laisser le mal s'accomplir en disant, avec une tristesse découragée, qu'il n'y a plus rien à faire ?

Il ne nous est pas permis de le croire. Prêtres et pasteurs, nous devons être les hommes de Dieu et des âmes, consacrés et je dirais volontiers enchaînés à leur service. Notre vie tout entière leur appartient : non-seulement notre vie dans son ensemble, depuis l'heure de notre ordination jusqu'à celle de notre mort ; mais notre vie de tous les jours, depuis le matin jusqu'au soir. C'est à Dieu, c'est aux âmes que nous devons toutes nos pensées, tous nos efforts, tout notre amour. C'est pour les âmes que nous devons prier, travailler, souffrir.

Nous répétons sans cesse aux fidèles que la prière est toute puissante sur le cœur de Dieu. Cela est vrai pour nous aussi bien que pour les autres. Notre Seigneur y a engagé sa parole ; il nous est donc impossible d'en douter. Qu'à la prière persévérante s'ajoute l'action pastorale, incessante sous ses formes multiples ; qu'à la prière et à l'action s'ajoutent le sacrifice et la pénitence : Dieu se laissera vaincre par le pasteur qui luttera ainsi contre les sévérités de sa justice, et sa grâce, à la longue, touchera les cœurs les plus endurcis. Le pire genre de démons ne résiste pas à la force de la prière et de la pénitence : *Hoc genus non ejicitur nisi per orationem et jejunium.*

A chacun de nous de voir, dans un sérieux examen de conscience, si nous avons donné à Dieu ce qu'il demande pour convertir les âmes rebelles auxquelles nous avons à faire. Est-il sûr que nous ayons assez prié et fait prier ? Nos prières ont-elles été sans lassitude ni défaillance ? *Oportet orare et non deficere.* Avons-nous cherché dans la réflexion, dans les livres, dans l'expérience d'autrui, les industries de zèle les plus capables d'atteindre les âmes ? Les avons-nous employées, non pas avec l'enthousiasme d'une ardeur juvénile, mais avec la suite et la constance prolongée qui sont indispensables au succès ? *Bonum facientes, non deficiamus*, dit l'apôtre saint Paul. Enfin, quelles pénitences avons-nous faites, quels sacrifices nous sommes-nous imposés ?

Même à ce prix, l'amélioration d'une paroisse ne se fera pas d'un seul coup. Il y faudra du temps, beaucoup de temps. Peut-

être, après avoir beaucoup prié, beaucoup travaillé, beaucoup
souffert, nous en irons-nous dans l'éternité sans avoir recueilli le
fruit de nos efforts. Nous aurons semé dans les larmes, et, notre
journée finie, nous partirons vers Dieu sans avoir vu lever l'espérance de la moisson. Et cependant, tôt ou tard, la moisson lèvera ;
elle poussera petit à petit, épi par épi, âme par âme. Aujourd'hui,
un moribond sera sauvé de l'enfer ; demain, un enfant sera préservé
de la contagion du péché. Peu à peu, le mal diminuera ; peu à
peu, le bien se développera. A force de patience, peut-être après
des échecs réitérés, en recommençant toujours, un petit noyau se
formera, et ce sera, s'il plaît à Dieu, le grain de senevé *quod crevit
et factum est in arborem magnam*, ou le levain caché qui mettra un
ferment de vie dans une paroisse déjà morte ou tout au moins en-
dormie.

De toutes les œuvres de zèle qu'un curé peut employer pour
opérer le bien dans sa paroisse, il n'en est guère qui soit plus à la
portée de tous que le catéchisme et le patronage.

Grâce à Dieu, presque partout, le catéchisme est assez réguliè-
rement fréquenté. Sauf dans quelques paroisses particulièrement
désolées, la plupart des enfants se préparent encore à leur première
communion. Il faut profiter de ces années trop courtes du catéchisme
pour imprégner à fond ces jeunes âmes des vérités chrétiennes,
leur former la conscience, leur tremper le caractère, en un mot
pour leur apprendre à aimer Dieu de tout leur cœur et à le servir
de toutes leurs forces. Le grand malheur des enfants, c'est qu'ils
ne font qu'effleurer, avec la légèreté de leur âge, les vérités et les
devoirs d'où dépend le salut éternel. Leur foi est trop peu éclairée
pour être bien solide. Ils savent et ils comprennent à peine ce qu'il
faut croire, ce qu'il faut faire pour être sauvé ; ils ne savent pas
même toujours que la terre n'est rien et que le ciel est tout, que
nous ne sommes pas faits pour le temps, mais bien pour l'éternité,
et que, s'il y a plusieurs choses utiles ici-bas, l'unique chose nécessaire est de sauver son âme.

Voilà ce qu'il faut leur dire et leur redire, sur tous les tons,
sous toutes les formes, pendant leurs années de catéchisme.
On le leur répétera vingt fois, ils l'oublieront vingt fois. Mais ce
n'est pas vingt fois, c'est cent fois, c'est mille fois qu'ils ont besoin
de l'entendre. Ils ne le sauront jamais assez. On aura tout gagné

quand cette persuasion sera bien ancrée dans leur âme ; rien, au contraire, ou presque rien ne sera fait, tant qu'on n'y aura pas imprimé, en caractères ineffaçables, cette inébranlable conviction.

On est épouvanté, en effet, lorsqu'on réfléchit à toutes les menaces, à tous les dangers auxquels les enfants seront en butte, dès le lendemain de leur première communion. Jadis, les familles étaient chrétiennes ; la foi des enfants y était entretenue par l'exemple des parents ; on n'eût pas souffert qu'ils s'affranchissent de la prière et de l'assistance à la messe ; jamais on n'eût toléré le blasphème ni le travail du dimanche. Pour demeurer chrétien, l'enfant, le jeune homme n'avait qu'à le vouloir.

Aujourd'hui, au contraire, tout conspire contre lui. Les écoles chrétiennes sont clair-semées; les familles vraiment chrétiennes le sont plus encore, surtout à la campagne. Combien faudrait-il parcourir de villages pour découvrir une seule maison où l'on fasse la prière en commun ? Le foyer paternel n'est trop souvent, pour les enfants, qu'une triste école d'indifférence et d'irréligion. Le père ne fait plus ses Pâques, ne va pas à la messe, ne s'agenouille jamais pour réciter une prière. La mère est à peine moins incrédule ou moins insouciante que lui. Si l'on parle de la religion, c'est pour en dire du mal ; des prêtres, c'est pour s'en moquer ; de Dieu lui-même, c'est pour le nier ou pour le blasphémer. Sorti de chez lui, l'enfant trouve partout le même spectacle autour de lui ; les hommes rougiraient de paraître chrétiens, les jeunes gens marchent sur leurs traces et se font gloire de n'avoir plus aucune espèce de religion. Dans les champs, dans les vignes, dans les ateliers, écoutez ce qui se dit, regardez ce qui se lit : ce n'est qu'impiété et immoralité.

Pauvres enfants ! Qui les défendra ? Qui les préservera ? Qui leur fera entendre encore la parole du salut ?

C'est ici que se fait sentir l'indiscutable nécessité du Patronage. A tout prix, il faut que le prêtre continue de suivre l'enfant au sortir du catéchisme et de la première communion. Se croire déchargé de toute sollicitude à son égard, quand il a communié et confirmé, serait la plus déplorable des erreurs. A ce moment, au contraire, commence pour le curé la tâche la plus difficile et en même temps la plus nécessaire.

L'enfant va grandir : ses passions grandiront avec lui. Il aura un

égal besoin d'être soutenu contre lui-même et contre les autres.
S'il est abandonné sans appui, vous pouvez être sûr, quel
qu'il soit, qu'il ne tardera pas à succomber. N'est-ce pas, du reste,
un triste fait d'expérience ? N'est-ce pas le cri d'angoisse que
poussent aujourd'hui tous les pasteurs ?

Or, cette indispensable protection qu'il faut donner aux enfants,
elle ne se trouve nulle part ailleurs qu'au Patronage. Aujourd'hui,
l'école la plus chrétienne, le catéchisme le mieux fait ne sau-
raient plus suffire pour assurer la persévérance ; si l'on ne veut
assister à la douloureuse débandade des enfants les meilleurs, les
plus instruits, les plus pieux, les plus purs, il faut que de l'école
et du catéchisme ils entrent de plain pied, sans retard et sans
transition, dans le bercail du Patronage.

Il le faut à la ville, cela est trop évident pour être démontré. Il
le faut à la campagne, et jusque dans les plus petites campagnes.
N'y eût-il, dans un village, qu'un seul petit garçon : que le curé
l'attire au presbytère, qu'il se plaise à l'y recevoir, et qu'il l'y retienne
par l'attrait de l'affection, par l'attrait du jeu et par l'attrait, plus fort
qu'on ne pense, de la piété. Ce sera le Patronage sous sa forme la
plus simple et la plus élémentaire ; mais, sous cette forme ou
sous une autre, cela se peut partout, et l'on n'a pas fait tout ce
qu'on doit si cet essai, chaque fois qu'il était possible, n'a pas été
sérieusement tenté.

Lourde charge, assurément, pour un curé, surtout pour un
curé bineur, dont la journée du dimanche est déjà si fatigante et
si occupée. Mais qui veut la fin veut les moyens ; qui veut sauver
les âmes doit s'en donner la peine. Pour sauver les âmes d'enfants,
le Patronage est indispensable : il faut donc que dans toutes les
paroisses, le curé s'efforce, avec prudence sans doute, mais avec
une prudence qui n'étouffe pas le zèle, de fonder un Patronage.

Le travail de M. l'Abbé Gatouillat en fera mieux comprendre
la nécessité que nous ne pouvons le faire dans ces pages rapides.
Il donnera surtout, pour les patronages plus importants, des règles
très sages et très fécondes, fruit d'une expérience de dix ou douze
années passées au milieu des enfants et des jeunes gens. On
pourra sur quelques points de détail, choisir d'autres moyens
que ceux qu'il indique ; mais l'ensemble est excellent, et ce travail,
où l'auteur s'est occupé des choses beaucoup plus que des mots,
sera l'un des meilleurs manuels auxquels on puisse recourir,

soit pour la fondation, soit pour la direction d'un patronage.

Plaise à Dieu que la lecture de cet opuscule suscite, dans notre cher diocèse de Troyes, un grand nombre de bonnes volontés ! Si l'auteur faisait partager à tous sa conviction profonde qu'il n'est rien de plus nécessaire que d'établir un patronage, tout son vœu serait accompli. Il en reconnaît la difficulté, sans doute, mais il n'est pas de ceux qui s'en effraient, ni qui se découragent devant la longueur de la tâche ou même devant l'insuccès, et l'on pourrait lui donner pour devise ces deux mots d'une précision si ferme et si chrétienne : *Dum spiro, spero.*

Ch. NIORÉ.

RÉFLEXIONS PRATIQUES

LA NÉCESSITÉ ET LA DIRECTION

des Patronages de Jeunes Gens

—◦~❦◦—

CHAPITRE I.

L'institution des patronages est conforme à l'esprit de l'Eglise.

Le mot *Patronage,* tel que nous l'entendons ici, renferme l'idée de *groupement,* de *préservation* et de *direction.*

Dans les premiers siècles, l'Eglise réunissait chaque jour ses fidèles pour les instruire, les prémunir contre les dangers qui menaçaient leur foi, et leur inspirer l'esprit de l'apostolat. — Tel est le but des patronages.

Au moyen-âge, nous voyons une multitude de confréries et de corporations. Le clergé groupait ainsi les fidèles, afin de pénétrer plus efficacement les diverses fractions de la société des vertus du Christianisme, jusque dans les arts libéraux, le commerce, l'agriculture et les relations entre patrons et ouvriers. Cet enrôlement protégeait les membres de ces associations contre les séductions de l'erreur et du vice, et contre les ambitions personnelles.

Dans tous les temps, et cela à une époque plus rapprochée de nous, l'Eglise pouvait encore réunir tous ses enfants, chaque dimanche, pour leur distribuer la parole de vérité et consacrer un juste temps à la prière. Elle voyait très volontiers hommes et jeunes gens se récréer ensemble autour de la Maison du Seigneur. C'était encore le groupement, mais déjà moins solide, et comme un lointain souvenir des anciennes corporations.

Sous l'influence des agents du mal, désireux d'accaparer la direction de la jeunesse, on a laïcisé les réunions du Dimanche, et ce jour, autrefois consacré à la prière, à l'étude sérieuse des vérités de la Foi et aux distractions innocentes, est devenu le jour des dissipations, souvent même des débauches et de la propagande de l'erreur. Pour ce faire, on a désuni le troupeau du pasteur, puis on l'a désagrégé et, dans le camp de l'impiété, on a *patroné* les jeunes gens en les groupant dans les plaisirs et les sociétés plus ou moins ouvertement impies. — A nous, prêtres, de refaire ce groupement en vue du bien.

CHAPITRE II.

A l'époque actuelle, les patronages ne sont pas une œuvre anti-sociale.

Une objection, très grave en apparence, a été formulée contre les patronages : « Ils sont contraires à l'esprit de famille, en enlevant l'enfant à ses parents, pendant la journée du Dimanche. »

Et après avoir énoncé ce principe, on demandait aux prêtres résolus à se dévouer aux œuvres de jeunesse, de s'appliquer préférablement à réorganiser chrétiennement les familles.

Considérée en elle-même, cette objection est irréfutable, et,

la nécessité de rechristianiser les familles passe, spécula-
tivement, avant tout autre besoin.

Mais, en pratique, nous ne voyons pas comment un
jeune homme peut demeurer chrétien sans le patronage,
qui devient actuellement une nécessité sociale, et de quelle
manière on s'y prendra pour rendre à la famille sa véritable
constitution et une direction conforme à l'esprit chrétien,
si le prêtre ne voit plus, à l'église, ni les pères ni les mères.

Où et comment atteindra-t-il ces derniers? Poser la question, c'est la résoudre ; car, même au moyen des missions
si nécessaires et si fructueuses cependant, nous ne rendrons
pas aux pratiques religieuses la majorité des familles, et
nous ne conserverons pas la foi chez les *jeunes*. Supposons,
en effet, par rapport à ces derniers, qu'une Mission ait
produit, dans une paroisse de notre diocèse, des résultats
merveilleux et inattendus, le patronage n'en sera que plus
nécessaire. Les jeunes gens les mieux disposés, appartenant
même à des familles chrétiennes, seront quand même obli-
gés à vivre, pendant la semaine, dans un milieu impie et
corrompu, et, le Dimanche, ils ne pourront éviter les dangers, si multipliés en ce jour, qui menaceront leur foi et
leurs mœurs. Ne nous faisons pas illusion, les parents les
mieux disposés et les plus vigilants ne savent plus, ne peuvent plus protéger leurs enfants ni les instruire aussi solidement que le demandent les nécessités de notre époque.

Donc, un patronage, où la vie de la grâce sera scrupuleusement mise en pratique et où une forte éducation
chrétienne et sociale sera donnée, devient indispensable
dans toutes les paroisses. En commençant par la jeunesse,
les prêtres, s'ils savent lui ménager des moyens de persévérance, pourront espérer convertir la France à Dieu. Mais
ce résultat demandera plusieurs générations.

De même que, depuis plus d'un siècle, chaque génération
fut moins chrétienne que la précédente, à cause de la diminution progressive de la foi, de même le réveil de cette
même foi sera de plus en plus accentué, si nous donnons

aux futurs pères de famille une éducation religieuse supérieure à celle qu'ont reçue leurs aïeux.

La vie intérieure d'une œuvre, telle que nous la décrirons, sera sans aucun doute le moyen par excellence du retour à la vie chrétienne, par la jeunesse.

Remarque : Pour obvier à l'inconvénient de séparer trop souvent l'enfant de ses parents, le Dimanche, on a institué très sagement des « *fêtes familiales* », plusieurs fois l'an.

CHAPITRE III.

Les patronages sont la suite logique et nécessaire du Catéchisme de première Communion.

Le zèle des curés et des vicaires à l'égard des enfants de la première Communion est de tous points admirable. Cependant, ce zèle paraît trop se borner à cet effort, non pas qu'il se refuse à un plus long dévouement, mais parce que les œuvres de persévérance ne sont pas assez appréciées, ni assez connues dans leur fonctionnement véritable.

Nous, prêtres, nous en sommes arrivés à nous résigner péniblement à la désertion de l'église par les jeunes gens, après la première Communion. On dirait que nous jugeons leur persévérance impossible dans notre région et réservée à d'autres contrées privilégiées, comme à des époques malheureusement disparues.

Qu'arrive t-il? Le grand jour de la vie, destiné à être l'aurore d'une suite d'années chrétiennement vécues, devient le dernier jour où l'enfant compte parmi les pratiquants et, peut-être, la date fatale d'un horrible sacrilège. L'intention bien arrêtée, dès la veille de la première Communion, de ne plus continuer à servir Dieu selon les préceptes du décalogue et de l'Eglise, n'a-t-elle pas souillé son cœur?

Ne l'oublions pas, le ferme propos est de nécessité de moyen et la bonne foi ne peut le remplacer. Mais si le jeune communiant connaît l'existence d'un patronage attrayant par ses récréations et favorisant les pratiques religieuses qu'il rend très faciles, il sera possible au catéchiste de lui inspirer, pour peu qu'il soit bien disposé, le désir de se réunir à ses aînés qui persévèrent. Or, c'est un résultat très fréquent et presque *universel*, que ce désir de persévérer, là où existe une œuvre de Jeunesse. Si cette résolution n'est pas toujours tenue, elle a du moins l'incomparable avantage de faciliter l'état de grâce, en ce jour si précieux, et d'éviter le désastre d'un sacrilège qui aura peut-être son funeste retentissement jusqu'à l'heure de la mort et au-delà.

Mais, de fait, une partie considérable de ceux qui entrent au patronage continue à le fréquenter et à vivre chrétiennement. On voit même, parmi ces membres, des jeunes gens qui appartiennent à des familles peu ou point chrétiennes, mais satisfaites de voir leurs enfants à l'abri des dangers de la rue et des récréations malsaines du dehors.

Supprimez cette œuvre, nous verrons, et l'expérience nous le prouve, tous les enfants de la première Communion, abandonner l'église et en oublier le chemin, jusqu'à n'y plus revenir aux jours de Noël et de Pâques.

Combien ne connaissons-nous pas de mères chrétiennes pour lesquelles le Dimanche est un jour de tristesse et d'angoisses, depuis que leurs fils, maintenant qu'ils ne sont plus en rapports avec le prêtre, autrefois élevés dans les pratiques religieuses à la maison et au catéchisme, ne veulent plus, malgré les supplications maternelles, mettre le pied à l'église?

D'un autre côté, pour qui veut sincèrement voir la vérité, se débarrasser de certains préjugés mesquins et comprendre que la perfection n'est pas de ce monde, il faudra avouer que des enfants, sur lesquels on n'avait fondé aucune espérance, persévèrent grâce au patronage qu'ils fréquentent.

Nous nous permettons d'insister sur ce point et de prier les esprits prévenus de se rendre compte de cette vérité par eux-mêmes : la manie de tout critiquer ayant causé de grands préjudices aux âmes et paralysé le zèle d'apôtres résolus au bon combat.

Terminons ce chapitre par la réfutation d'une objection dont nous ne contestons pas la valeur pour les temps et les pays de foi, mais qui n'a plus aujourd'hui la même force, depuis que l'impiété a détruit tout ressort dans les âmes. On a dit : « une bonne première Communion est presque une garantie du salut ». — Consolante parole, mais effrayante en même temps.

Tous nos impies, toute notre génération, soit au pouvoir, soit dans la littérature, soit aux champs ou à l'atelier, tous nos jeunes gens, tous, ou à peu près, ont fait leur première Communion. Combien peu meurent avec une vraie contrition dans le cœur ! — S'ils reçoivent les sacrements, c'est encore plus par un reste d'habitude que par une conviction qui les prépare sérieusement à paraître devant Dieu. Nous en sommes arrivés à ce point que, nous prêtres, nous ne savons plus quelle valeur a notre ministère, en cette heure suprême.

Ce résultat ne nous laisse-t-il pas perplexes entre ces deux doutes affreux : ou bien la première Communion est généralement faite en état de sacrilège, ou bien les bons effets, chez ceux qui y ont apporté une sérieuse préparation, sont annihilés par la violence de l'impiété et de la corruption.

Conclusion : Si le clergé se limite encore dans ce rôle, presque exclusif à l'égard de la jeunesse, de préparateur à la première Communion, et ne prend pas la charge de créer des œuvres de persévérance, les âmes seront exposées à une perdition presque inévitable

Nous savons bien que certains prêchent l'inutilité de ces œuvres et la nullité de leurs résultats. Ils devraient réfléchir.....

Chose étrange ! les directeurs d'Œuvres, encouragés par une expérience incontestable, se donnent à ce ministère tout entiers; ils y sacrifient repos, tranquillité et santé. Est-ce à ceux qui n'ont voulu en juger que par des exceptions; — et où n'y a-t-il pas de défections? — de propager des attaques insensées contre les patronages. Nous comprendrions et nous accepterions très sincèrement les critiques amicales de ceux qui voudraient corriger certains défauts dans ces œuvres.

CHAPITRE IV.

Fondation d'un Patronage.

ARGENT. — On s'imagine à tort que la fondation d'un patronage est inabordable, à cause des difficultés d'argent. A la vérité, ce nerf des bonnes œuvres est indispensable, mais il est constant que tous ceux qui ont fermement voulu cette œuvre ont été bénis de Dieu et n'ont jamais sombré, faute de ressources.

On pourra citer des exemples contraires. Nous demanderons, en ce cas, que l'on veuille prendre connaissance des causes de ces dettes impayées, et on constatera un gaspillage insensé de ressources plus que suffisantes.

Dans les villes où les jeunes gens sont nombreux, la somme exigée est assez considérable. La charité y a pourvu et permettra de continuer et de multiplier ces œuvres qui vivent déjà depuis de nombreuses années.

En plus des dons, il y a les sermons de charité dans les villes, les cotisations annuelles que les membres paient dans quelques patronages, et surtout les ressources très appréciables des séances théâtrales qui, partout, même dans les campagnes, obtiennent un légitime succès.

Avant de donner quelques détails utiles à toutes les fondations de ce genre, urbaines et rurales, nous signalerons quelques indications particulières aux paroisses importantes, mais où les ressources ne permettent pas de se jeter dans des dépenses trop lourdes.

Pour les débuts, on se bornera à une cour assez vaste et à une salle. Avec un peu de persévérance et d'habileté, le directeur saura augmenter ses ressources, et, alors, il visera à avoir, le plus promptement possible, une salle de récréation et une salle de billard. Puis, toujours ambitieux, il ne s'arrêtera pas avant d'avoir installé une salle réservée à la lecture et aux jeux tranquilles et presque silencieux.

Il aura donc cour, salle de récréation ou de jeux bruyants, salle de billard et en plus une autre consacrée à la lecture et en même temps aux jeux de table.

S'il est possible, ces 3 ou 4 salles seront séparées par des cloisons mobiles que l'on enlèvera aux jours de séances et qui permettront ainsi d'obtenir un vaste local sans frais.

La chapelle elle-même peut être et sera même utilement placée à une extrémité de ce local. On la réduira à l'emplacement de l'autel. Au moyen de portes à deux ou trois panneaux s'ouvrant sur la salle, cet autel sera visible aux jeunes gens réunis dans le local des récréations.

Parlons maintenant de cette œuvre dans les campagnes. — Que faut-il, dans une paroisse rurale, pour fonder un patronage ? « Donnez-nous une cour, ou un pré, ou un « champ et une salle, me disait un parisien dévoué aux « jeunes gens et sacrifiant son repos du dimanche à cette « œuvre, puis ne nous placez pas trop loin d'une église, « et nous nous chargeons de maintenir les jeunes gens ».

Dom Bosco n'a pas commencé avec un luxe plus brillant. — Ce qui est vrai pour la banlieue de Paris et les petites villes, l'est à *fortiori* pour les patronages de la campagne, et si l'esprit des apôtres anime le curé, le succès sera le résultat d'un courage que n'amoindriront pas les difficultés inhérentes à toute entreprise. — Entrons dans le détail.

Cour. — Nous demandons une cour, ou bien la place qui environne l'église, lieu consacré autrefois par nos pères aux récréations du dimanche. Certains prêtres de notre diocèse admettent les enfants dans leur jardin, les habituent à ne rien saccager, et n'ont pas à se plaindre des dégâts causés par les ébats des enfants. Pendant nos vacances du séminaire, nous avons vu en pratique cette tolérance, et nous n'hésiterions plus aujourd'hui à imiter ces curés dévoués, sans craindre les ennuis que certains redoutent trop et invoquent pour ne pas établir d'œuvre de jeunesse. A la vérité, les rires bruyants, les cris et les courses des enfants ne font plus du presbytère l'asile du du silence et de la monotonie, mais la maison du curé devient pour eux le séjour de la joie et de la préservation du péché mortel.

SALLE. — Les enfants, et surtout les jeunes gens, ne se récréent pas toujours au dehors. Le mauvais temps, le désir de jeux tranquilles et de la lecture rendent une salle nécessaire. Ici, pour donner brièvement des raisons irréfutables et capables de démontrer combien il est facile d'avoir cette salle, je rappellerai les exemples assez nombreux des curés qui ont donné une chambre de leur presbytère. Ils ont estimé, ces prêtres dévoués, que le salut des âmes valait bien cette gêne si féconde en joies sacerdotales et en récompenses surnaturelles, qu'ils ne voudraient pas échanger contre une tranquillité préjudiciable au salut de la paroisse. Du reste, la présence au presbytère de huit, dix ou quinze enfants, les uns dans la cour, les autres dans la salle, est moins désagréable qu'on ne se l'imagine.

D'autres curés de campagne ont construit, à peu de frais, une salle spacieuse, ou bien l'ont faite et aménagée, à peu de frais, dans une remise, un hangar ou un bûcher.

Après quelques années, si les membres de l'œuvre deviennent nombreux, il sera très utile de diviser le local en deux parties, au moyen d'une simple cloison en planches recouverte de papier, ou en briquettes, pour mettre ensemble les grands et en séparer les plus jeunes.

JEUX. — Ce paragraphe des jeux est commun aux patronages des villes et des campagnes. Si on ne peut se les procurer tous ensemble, on en fera un choix basé sur les goûts, l'âge et les aptitudes des enfants.

Il sera très utile de ne pas les donner tous à la fois. Quelques-uns cependant, comme le trapèze, le billard, les jeux de cartes, etc., seront en vogue toujours et sans arrêt.

Dans la cour : jeux de boules, croquets, quilles, barres parallèles, barre fixe, trapèze, anneaux, etc. — Avoir soin de répandre des sciures là où les chûtes sont possibles, de visiter souvent les cordes, les anneaux et les crochets d'attache.

Le pas de géants est très amusant et oblige les enfants à un exercice corporel très salutaire. Il ne sera pas dangereux, à condition d'entourer le pied d'une butte de terre en forme de cône, haute d'un mètre et de 80 centimètres de rayon à la base. Nous redoutons la balançoire à cordes à cause des accidents souvent mortels, mais toujours graves, qu'elle peut causer à ceux qui, s'amusant autour et distraits par un autre jeu, n'y prennent pas garde et s'exposent à être atteints par cet appareil. Cette remarque est vraie surtout lorsque l'enfant qui se balance se tient debout et lui imprime un mouvement prolongé et très rapide. La balançoire en planche, montée en forme de bascule sur un pivot, est moins dangereuse et possède l'avantage de pouvoir être occupée par plusieurs joueurs à la fois.

Organisez encore les jeux variés de balle, de barres, de cerceaux, etc.

Dans les salles, le billard sera toujours occupé ; les autres jeux de table si multiples ne seront aimés qu'autant que le directeur y mettra de l'entrain, ce qui est facile s'il y prend part lui-même, au moins au commencement.

• Il y a encore les livres, les bonnes gravures, etc.

Si l'on organise un tir à la carabine, ce sera à la condition expresse que le directeur sera toujours présent pendant cet exercice charmant pour les jeunes gens, et disposera son emplacement à l'aide d'une barrière, qui empêchera de passer et de s'exposer aux projectiles. Un moyen très simple consiste à appliquer la cible au mur de l'extrémité d'une salle ou de la maison et d'établir une barrière entre les tireurs et le but, de façon à ce que cet obstacle soit tout à fait rapproché des enfants. Le directeur chargera lui-même l'arme au-dessus de la barrière, et aussitôt le tir terminé, il l'emportera chez lui avec la boîte aux munitions. On peut donner 5 coups à tirer pour cinq centimes en usant du calibre de 6 millimètres.

Il n'y a rien d'exagéré dans tous ces détails, que nous avons cru devoir donner à cause des dangers réels de ces jeux, pourtant si attrayants.

Remarque : Tel est le tableau des dépenses et des principales difficultés matérielles dans la fondation d'un patronage. Peu à peu, les acquisitions et les aménagements s'opèrent, au fur et à mesure que l'on trouve des ressources. Certaines œuvres viennent au secours des patronages et permettent d'acheter le strict nécessaire ; telles sont l'OEuvre de Saint François de Sales, des Campagnes, de la Sainte Trinité, etc. L'administration diocésaine est toujours venue en aide aux prêtres zélés qui voulaient sauver la jeunesse. Joignez à ces ressources celles que beaucoup de curés, qui ont su réunir les fonds nécessaires à la réparation d'une église, à l'acquisition d'un harmonium, d'une cloche, etc., pourraient encore trouver pour cette œuvre qui prime tout, et vous serez convaincus de la possibilité matérielle des patronages.

CHAPITRE V.

La Fondation d'une Ecole libre, sans création d'un Patronage, est une œuvre très incomplète.

De même que l'enfant des écoles laïques de la ville ou de la campagne ne persévèrera pas, après le catéchisme, s'il n'est protégé par l'œuvre que nous recommandons, de même aussi l'écolier quittant les Frères, après ses études primaires, sera victime du respect humain, de ses passions et de l'impiété toujours à l'affût des âmes.

Nous devons la vérité, surtout à notre époque où tout périclite. Ne craignons donc pas d'affirmer que les écoles libres, fondées à l'aide de sacrifices énormes, n'ont pas donné et ne donneront pas, à beaucoup près, les résultats espérés. Est-ce la faute des éducateurs? Non, car dans les écoles qui ne reçoivent que des enfants choisis, règnent une piété sincère et une exquise pureté d'âme. Or, même celles-ci n'ont pu fournir un nombre satisfaisant de persévérants,

Pourquoi? — Les enfants ont été et sont encore fatalement abandonnés après leur sortie de l'école. S'il y a un patronage dans la ville, ils l'ignorent et n'y sont pas présentés. N'allons pas chercher la plaie ailleurs, et que nos critiques ne s'égarent pas sur ceux qui, plus dévoués que leurs censeurs, sont admirables aux yeux de ceux qui vivent près d'eux.

Cette plaie est si profonde, qu'à Paris, les curés, les directeurs de l'OEuvre de Saint François de Sales et les bienfaiteurs de la Jeunesse chrétienne, s'ils ne peuvent fonder en même temps l'école et le patronage, commencent par le patronage. Les résultats ne trompent pas leur attente et sont très consolants.

Mais la fondation idéale, celle qui est foncièrement chrétienne, est celle de l'Ecole de Frères avec addition d'un patronage prêt à recueillir les premiers sortis de l'école. Rien n'est comparable à cette double œuvre, dans la poursuite de la persévérance des enfants. La première prépare d'excellentes recrues qu'elle présente à la seconde ; celle-ci continue l'action religieuse de celle-là, et, ainsi, l'œuvre de régénération s'accomplit si l'on observe les règles que nous allons signaler.

CHAPITRE VI.

Des rapports entre les directeurs d'écoles libres, les catéchistes et les directeurs de Patronages.
Rôle du catéchiste dans les paroisses où il n'existe ni école libre ni patronage.

Nous l'avons dit, et c'est une vérité appuyée de preuves malheureusement trop indiscutables, les patronages n'ont pas un nombre de membres proportionné aux élèves sortant des écoles libres et d'enfants qui ont fait leur première Communion, tout compte fait des défections inévitables.

Comment donc remédier à cette perte et combler la lacune qui sépare l'école et le catéchisme du patronage?

« *Sint unum* », priait Notre Seigneur, à la Cène, comme s'il eût réservé cette demande pour l'instant où les vœux et les prières revêtent un caractère plus sacré et plus touchant, par l'approche des derniers moments.

En vertu de cette suprême et divine recommandation, l'union la plus chrétienne régnera entre le Frère de la grande classe et le Directeur du patronage. Les élèves, pendant les derniers mois de leur séjour à l'école, seront présentés au prêtre chargé de l'Œuvre, en seront connus et déjà aimés, de sorte que le passage de l'école au patronage s'effectuera comme celui de la classe inférieure à la classe supérieure.

Dans ses instructions religieuses, le Frère attirera souvent l'attention des enfants sur l'œuvre de persévérance, excitera en eux le désir d'y entrer et fera de sa classe, au point de vue religieux, la pépinière du patronage.

Les relations entre les directeurs de l'école libre et le prêtre chargé de l'Œuvre seront donc constantes et dirigées vers le but si noble et si grand de la conservation de la foi chez les jeunes gens. L'absence de cette union surnaturelle rendrait inutile tant de sacrifices onéreux que s'imposent les chrétiens dévoués et charitables.

Le catéchiste, s'il entre dans ce concert d'action commune vers l'Œuvre, sera d'un très appréciable secours. C'est lui, en effet, qui s'adresse éminemment à la conscience, produit les impressions durables et profondes sur les volontés et, à l'aide de la grâce, peut amener les enfants à désirer ardemment leur admission au patronage.

Lorsque le catéchiste a la direction d'enfants d'une paroisse qui ne possède ni école libre ni patronage, il jettera les fondements de cette dernière œuvre, dès l'année préparatoire à la première Communion. En même temps qu'il étudiera avec soin les dispositions et les caractères des enfants confiés à son zèle, il les réunira le jeudi, si cela est possible, et toujours le dimanche, pour les amuser en dehors des autres et sous sa surveillance. Il leur fournira des jeux, organisera des promenades, préparera quelques petites pièces auxquelles il invitera les parents, etc...

Au catéchisme, il exercera ces enfants à la récitation et à l'explication de certains passages de l'Evangile et à la réfutation d'objections faciles, en désignant et en préparant à l'avance les orateurs. De cette façon, il leur donnera le « goût » de la vérité, et les amènera à expérimenter combien est merveilleuse la possession d'une foi éclairée.

A la fin de chaque séance, il indiquera un cantique que tous chanteront, et, après une très fervente prière, il les congédiera et les verra animés de la plus sainte joie.

Le catéchiste préludera par là au patronage, s'il sait joindre aux recommandations ci-dessus la fréquentation souvent répétée du sacrement de Pénitence et, par dessus tout, la préparation minutieuse à la réception de l'absolution, de façon à ne jamais laisser les enfants de la première Communion en état de péché mortel.

Sachons encore rendre les enfants énergiques dans la revendication de « *leurs droits* » au repos du dimanche et à l'assistance à la messe. Les parents, qui ne savent rien refuser à leurs caprices, ne seront pas insensibles à cette énergie, trop rare aujourd'hui, et, l'expérience le démontre, s'en montreront très fiers à l'occasion.

Ainsi préparés, indiquons souvent comme principale grâce à obtenir au jour de la première Communion, celle de persévérer dans le patronage. Prions, faisons prier les âmes pieuses et les enfants eux-mêmes dans ce but, et le succès couronnera nos efforts s'ils sont constants et surnaturels.

CHAPITRE VII.

Faut-il admettre dans le même patronage les anciens élèves des Frères et les élèves des Écoles laïques ? A quelle époque ?

Nous posons cette question parce que, le plus ordinairement, une œuvre spéciale aux élèves des écoles laïques n'existant pas, il se produit quelques hésitations, chez des personnages influents, sur l'admission des enfants sortant de ces classes avec ceux des écoles chrétiennes.

Si un prêtre a exercé le saint ministère dans les écoles des Frères fréquentées par des élèves dignes d'elles, il y constatera certainement, sous le rapport de la piété et de la vertu, une supériorité très marquée sur les écoles laïques.

Mais, pour conserver cette supériorité si précieuse, faut-il en venir à l'exclusion systématique de tous les enfants sortis des classes publiques, là où il n'existe et ne peut exister, à cause de la pénurie de prêtres et du défaut de ressources, qu'un seul patronage?

Nous ne le pensons pas, surtout quand il s'agit d'enfants qui ont montré de bonnes dispositions pendant le catéchisme et désirent persévérer.

Du reste, les inconvénients que redoutent si vivement les adversaires de cette admission n'existent pas dans la réalité.

En effet, on ne recevra pas les enfants des Frères au patronage avant leur sortie de l'école. Il est bien certain qu'ils y rencontreraient des jeunes gens, même anciens condisciples de classes, qui, travaillant au dehors, auraient d'autres allures que celles d'enfants soumis, à chaque instant de la journée, à la surveillance la plus active et éloignés des dangers du monde.

Mais, nous raisonnerons d'une autre manière à leur sujet, lorsqu'ils vivront dans le monde, dans les usines ou parmi les travailleurs des champs. Quel danger, en effet, sera couru par un ancien élève des Frères, ouvrier maintenant, entendant par conséquent, pendant son travail, des paroles trop souvent très répréhensibles, voyant de nombreuses actions indignes, si, au patronage, il est en contact avec un élève des écoles laïques, bien disposé et ayant donné satisfaction pendant sa préparation à la première Communion et depuis son entrée à l'Œuvre.

Il est évident que le choix parmi les laïcs sera motivé, sévère, et permettra d'espérer un bon résultat. La trop grande facilité à les admettre compromettrait le bon esprit de foi et de piété acquis chez les Frères, en même temps que l'Œuvre entière.

L'admission des laïcs devancera celle des congréganistes. Aussitôt après la première Communion, ils entreront au patronage. Privés de leur soutien le plus dévoué et de leur guide le plus éclairé, du prêtre, ils seraient entraînés par le fatal courant.

C'est donc au catéchiste d'attirer souvent l'attention des enfants et de diriger sans cesse leurs désirs vers cette Œuvre, qu'il leur fera connaître et visiter de temps en temps pendant la dernière année de catéchisme. Il les mettra en rapports de plus en plus fréquents avec le directeur et fera un choix des plus scrupuleux.

On le constatera, notre façon d'agir, si elle n'est pas des plus rigoristes, évite la trop grande facilité dans l'admission, plus funeste encore que la sévérité que nous combattons.

CHAPITRE VIII.

Relations entre le Clergé et les Religieux, directeurs d'Ecoles libres.

Le « *sint unum* », si fructueux pour la réussite des œuvres de persévérance, dépendra en grande partie des relations entre le clergé et les religieux, directeurs d'écoles.

Les Frères, chargés des enfants, ont été formés et sont encore dirigés par une règle devenue l'âme de leur vie, la garantie de leur dévouement et la voie la plus sûre qui les conduira à leur sanctification. Ils ont une façon de penser, d'agir et de diriger leurs élèves propre à leur congrégation, et fruit de l'expérience séculaire et universelle de tous les religieux de l'Institut : c'est l'esprit de leur communauté.

Le curé ou le vicaire, qui sont en rapports de ministère avec les Frères, peuvent avoir une manière différente d'agir dans la direction des enfants et juger, à bon droit, leur méthode excellente. Mais cette divergence de vues et de mode d'action ne pourra signifier que les religieux auront moins raison que les prêtres chargés de la paroisse. — Cependant, cette différence de direction serait trop préjudiciable aux élèves pour qu'il ne soit pas nécessaire que l'un se conforme à la méthode de l'autre, et évite ces tiraillements qui ont paralysé les succès de tant d'œuvres fondées au prix de tant de sacrifices.

Posons d'abord quelques principes :

1° On ne va pas à l'encontre de l'esprit d'une communauté.

2° Le Frère, même comme éducateur chrétien, est le maître dans sa classe, lui seul et pas un autre.

3° Il doit remplir sa charge délicate d'après les règles et le coutumier, fruit d'une expérience incontestable, de son Institut.

4° S'il agissait autrement, il ne serait plus bon religieux, ses règles deviendraient un vain mot et, tout en mettant en pratique une méthode qui réussit à d'autres, il aboutirait à un désastre lamentable ; car, nous le répétons, sa règle et le coutumier de l'Institut sont seuls son soutien et son guide.

5° Les curés ou vicaires, appelés à exercer le saint ministère dans une école libre, ne produiront des résultats sérieux qu'autant qu'ils se conformeront à l'esprit de la communauté, dans le but de ne pas rendre les enfants victimes du changement de direction, et de ne pas rompre les relations d'entente commune avec les maîtres. L'union disparue, le bien des âmes sera nul.

6° En retour, les maîtres auront soin d'éclairer le catéchiste sur les dispositions de leurs enfants, de tenir compte des observations du prêtre sur tel ou tel sujet, de préparer leurs élèves avec zèle à l'absolution à chaque confession, et d'agir de concert avec le curé ou le vicaire sur l'esprit des classes, après entente préalable.

7° Prêtres et Religieux viseront, comme résultat du catéchisme et de l'école, au recrutement du patronage.

La conclusion ressort clairement de ces principes, méconnus parfois et sacrifiés à de mesquines susceptibilités, que l'on ne méprise pas assez en vue du bien des âmes. — Les âmes avant tout, nous après.... ou plutôt jamais.

CHAPITRE IX.

Action sur les jeunes gens.

L'action sur les jeunes gens est le but du patronage. Elle consiste dans leur formation *Religieuse* et *Sociale*.

Mais cette double formation demande de la part du jeune homme, comme condition absolument indispensable, une précieuse qualité naturelle, qui sera la porte par laquelle les lumières salutaires de la foi pénètreront en son intelligence et la grâce entrera dans son cœur : la *Sincérité*.

§ I. — LA SINCÉRITÉ

Avec elle, le jeune homme est droit et ouvert. Il savoure la vérité et se met résolument à combattre pour la vertu. Si le doute le torture et si les compagnies dangereuses tentent de le perdre, il ouvre son âme au directeur et lui permet de lire en son cœur, comme dans un livre. Vient-il à tomber, même à tomber gravement, il avoue franchement sa faute, toute sa faute ; car il sait bien que son directeur connaît la fragilité humaine, accueille les tombés avec bonté et ne les laisse partir qu'après leur avoir accordé un généreux pardon et (chose très importante aux yeux du jeune homme) continué son estime.

Le jeune homme qui cherche à tromper l'opinion du directeur sur son compte, qui ment avec persistance et demeure obstinément fermé dans les tête-à-tête, doit être exclu pour ce seul fait. En demeurant au patronage, il commettra des sacrilèges et son hypocrisie lui servira pour perdre ses camarades.

Aussi, un directeur éclairé comprendra-t-il la nécessité absolue de la sincérité, et en parlera-t-il souvent dans les réunions, pour ne pas dire toujours.

§ II. — FORMATION RELIGIEUSE

Foi éclairée. — La première condition requise pour posséder une solide éducation religieuse, c'est d'avoir une foi éclairée, reposant sur la parole de Dieu révélée, et non pas d'avoir de vagues sentiments religieux.

Or, c'est chose longue, difficile, mais non pas impossible, même de nos jours.

Combien souvent ne répétera-t-on pas les mêmes enseignements, afin de les fixer solidement dans l'âme des jeunes gens ? Avec quelle clarté et sûreté de doctrine sur le dogme — surtout sur le dogme de la grâce — et sur la morale, ne sera-t-il pas nécessaire de parler en se servant des comparaisons les plus saisissantes et des exemples des saints et des illustres contemporains ? Le conférencier commettrait un déplorable et fatal oubli, s'il négligeait la réfutation des objections philosophiques, historiques et sociales dirigées contre la Religion et l'Église. Ces attaques, en effet, courent les rues et retentissent, sans cesse, du commencement à la fin de l'année, dans les ateliers, dans les groupes et même dans la campagne, et sont encore colportées par les journaux et les mauvaises brochures.

On s'imagine difficilement, et ceux-là seulement qui s'occupent de la jeunesse le savent, avec quel art raffiné, les mauvais se *partagent* les bons jeunes gens pour les perdre par les mauvaises lectures et les conversations sataniques, à l'atelier, au café, en allant au travail et en en revenant, aux champs, dans les réunions des sociétés de musique et de gymnastique, etc.

Donc, soyons en garde ! car, s'il est possible, les impies, désirent plus posséder le jeune homme, que le prêtre ne souhaite de le sauver. Par ce court exposé, le directeur comprendra encore avec quel soin il traitera la partie apologétique de son enseignement, et il aura alors le bonheur de voir les membres du patronage goûter la vérité et se réjouir de la pouvoir défendre contre les attaques des ennemis de la foi. Il nous semble qu'il est très utile d'insister sur le motif de la foi : la parole de Dieu révélée, et sur les preuves qui montrent Dieu dans la Révélation.

Si le jeune homme prémuni contre les objections aime à se défendre et ne se laisse pas entraîner dans l'erreur, celui qui est dans l'ignorance ne sait comment riposter, devient le but des railleries, se décourage et s'en va à la dérive. Comment en serait-il autrement, quand on est désarmé contre les assauts terribles de compagnons impies et dissolus, aussi bien à la campagne qu'à la ville ? Au contraire, on est fier et heureux lorsque l'on peut river le clou à ses adversaires. Donc, armons nos persévérants.

Rôle de la Grâce. — Sans la grâce, l'intelligence s'obscurcit, la volonté chancelle, le chrétien tombe sous le joug du démon et devient l'esclave de ses passions. Sans la grâce, le jeune homme désertera les jeux innocents, les réunions de l'Œuvre et se livrera au vice.

Plus les dangers sont éminents, plus elle est nécessaire ; car elle est la force et le soutien de l'âme dégénérée et affaiblie dans ses puissances par le péché originel.

Science de la Grâce. — La science de la grâce est des plus nécessaires pour lutter avec avantage contre les ennemis de notre salut. Sans cette science, le jeune homme, le mieux disposé, se perdra dans le monde, où il vit nécessairement.

En quoi consiste-t-elle dans le cas qui nous occupe ? Nous croyons pouvoir répondre : à savoir avec une conviction profonde son indispensable nécessité pour éclairer notre intelligence et fortifier notre volonté ; à connaître la manière de l'obtenir par la prière constante et les sacrements souvent et bien reçus, enfin à être convaincu du devoir qui oblige tout chrétien à y coopérer humblement et courageusement.

Si certains éducateurs ont eu des insuccès inexpliqués, surtout quand les familles des enfants étaient excellentes, il faut les attribuer à leur négligence à éclairer leurs élèves sur les objections contre la foi et à leur ignorance du rôle de la grâce.

Donc, pas de patronage sérieux sans 1° une solide instruction, et 2° la prière fervente et la fréquente réception des sacrements de Pénitence et d'Eucharistie. — Que le Directeur suive d'un œil attentif le jeune homme qui n'aimera pas à s'approcher des sacrements, ou bien qui les recevra sans fervente préparation, et qu'il éprouve sur cet enfant de sérieuses inquiétudes en même temps qu'il surveillera l'influence de ses relations sur les autres.

Nous signalons, ici, la retraite annuelle, le changement de confesseur de temps en temps et le libre choix de celui auquel on veut confier sa conscience. Ce sont là des principes trop connus pour y insister.

REMARQUE. — Un des soucis les plus graves du directeur sera de travailler, sans cesse, à n'avoir pas de sacrilèges dans son patronage. — Si ce péché horrible en est banni, l'œuvre sera infailliblement bénie de Dieu, les consciences seront à l'aise et la joie et l'entrain du meilleur aloi.

Lectures. — Les bons livres sont nécessaires dans un patronage, parce que 1° il y a parmi les membres de toute œuvre des jeunes gens qui, par caractère, n'aimeront pas les jeux corporels et ne tiendront que très peu aux jeux de salle et de table, préférant la lecture aux autres amusements. C'est un excès qu'il faut combattre, mais que l'on ne détruira pas complètement. Et, si l'on ne veut pas voir ces lecteurs acharnés se procurer de mauvais livres, il sera urgent de leur en fournir d'excellents.

2° D'autres jeunes gens, sans avoir la passion de la lecture, désireront ouvrir un livre de temps en temps.

Quels livres? Un Directeur zélé s'efforcera de convaincre ses auditeurs de la nécessité de s'instruire solidement des vérités religieuses et sociales, afin qu'ils puissent défendre la vérité et la propager. Il arrivera à ce résultat en désignant, de temps à autre, un jeune conférencier, pris dans l'Œuvre, qui sera chargé de soutenir une thèse indiquée à l'avance et devant être combattue par quelques adversaires également désignés. Cet exercice oratoire obligera les uns et les autres à lire des ouvrages sérieux pour s'instruire.

Bien souvent, cependant, après une semaine de travail fatigant, les lecteurs choisiront des livres récréatifs, qu'on leur procurera après un examen scrupuleux, sans se fier à l'honnêteté surfaite de certains éditeurs de romans.

Pourquoi ne pas donner à un jeune homme des récits de guerre, la vie des chrétiens illustres du siècle, — voyages, chasses, etc?

En pratique, il est presque indispensable de fournir à

chaque membre du patronage un livre d'objections résolues, et de faire de ce volume un manuel qui sera officiellement utilisé dans les conférences. Nous obligerons ainsi les enfants à s'instruire solidement.

Fréquentations. — Des fréquentations dépend l'avenir religieux et social de tout chrétien, à plus forte raison du jeune chrétien. Elles se présentent sous deux aspects : 1° celles du dehors : à l'atelier, dans les rues, dans le voisinage, etc. ; 2° celles entre membres du patronage en dehors et à l'intérieur de l'Œuvre.

Le Directeur regardera comme une grave obligation de connaître les relations et les fréquentations des membres du patronage.

Fréquentations du dehors. — En général, un jeune homme qui n'aime pas à se rendre ordinairement à son travail et à passer les heures de repos en compagnie de ses amis de l'Œuvre, si c'est possible, ou bien d'hommes sérieux et d'une moralité satisfaisante, quand il ne peut rencontrer des membres du patronage, court un réel danger. S'il n'éprouve aucune répulsion à vivre en relations de camaraderie avec des impies et des licencieux, il sera surveillé attentivement et, après quelques avertissements, on le renverra s'il s'obstine à continuer de pareilles fréquentations.

Les relations avec les personnes du sexe seront l'objet d'une surveillance qu'on ne rendra jamais assez minutieuse, *même à l'Église.* Un jeune homme sincère et droit ne rougira pas, lorsqu'il aura l'âge de s'établir, de s'ouvrir de ses desseins au prêtre chargé de l'Œuvre.

Toute relation intime, qui sera sans projet d'avenir, sera rigoureusement interdite, malgré les protestations, *même des parents,* sur leur honnêteté.

Fréquentations entre membres du patronage. — Dans l'intérieur du patronage, il est indispensable de connaître les amis choisis par celui-ci ou par celui-là, de savoir la cause de leurs relations et de se tenir au courant de leur façon d'agir. Si le choix provient d'une sympathie de caractères qui ne nuise en rien à l'harmonie intérieure de l'Œuvre, ne soit pas l'occasion d'apartés, ne s'oppose nullement à l'entrain dans les jeux et à la sincérité, cette vertu capitale, ce miroir de la conscience, ne nous inquiétons pas de ces amitiés.

Mais prenons garde à ces choix d'amis motivés par le désir d'avoir un compagnon dans les désobéissances au règlement, les sorties louches, les luttes sourdes et déguisées contre l'autorité, et dans le relâchement sur des points essentiels de la règle, ou dans la propagande de théories malsaines et, peut être, dans certaines tentatives d'immoralité.

La sincérité sera toujours bannie des explications provoquées par le Directeur sur ces camaraderies. Les excuses seront préparées à l'avance, et des circonstances, capables de dépister les investigations, seront inventées avec un ensemble admirable par les coupables, avant leur interrogatoire.

De plus, ces malheureux jeunes gens ont entre eux des conciliabules secrets, s'absentent en même temps, ou à peu près, savent se retrouver et n'acceptent aucun autre membre de l'Œuvre dans leur société.

Avec de tels jeunes gens, on emploiera une grande prudence et on usera d'une fermeté sans rigueur, mais aussi sans faiblesse. On exigera, après leur avoir exposé la honte d'une pareille conduite, la dissolution de la bande et on agira sagement en les excitant à faire une revue de conscience à l'aide d'un confesseur choisi par eux. — Puis, dans l'avenir, le Directeur saura si la société se reconstitue et avertira en conséquence, sans attendre que les liens se resserrent. S'il le faut, l'expulsion sera prononcée plutôt que de voir recommencer cette alliance capable de beaucoup de mal et d'aucun bien.

Présences et absences. — Dans ce paragraphe des fréquentations, nous signalerons l'importance des présences à l'Œuvre de tous les membres, chaque Dimanche. Dans les cas d'absence, le Directeur en saura le motif et ne négligera rien pour connaître l'emploi du temps.

Si certaines sorties momentanées sont légitimées par des circonstances particulières de famille, par le prétexte de se promener après une semaine passée dans un atelier sans air, etc..., un Directeur adroit saura si le motif invoqué a été vrai pour le premier cas et exigera, dans le second, que plusieurs membres soient ensemble.

Après le dîner du soir, si les jeunes gens se réunissent, comme cela est presque nécessaire, aucune sortie momentanée ne sera permise et toute absence sera motivée et prévue. L'emploi du temps, pendant la soirée du dimanche, sera toujours connu du Directeur. Il faudrait presque en dire autant de toutes les soirées de la semaine.

Conversations. — Inutile d'insister sur ce sujet et de le traiter ici. Son importance est telle que tout prêtre ne peut l'ignorer. Dans un patronage, les mauvaises conversations seraient la ruine morale de l'Œuvre. Bien souvent, on en inspirera l'horreur aux enfants et on leur imposera le devoir et la sainte hardiesse de faire taire les langues malsaines.

En vertu de la sincérité, ils déclareront, sans les nommer, que des coupables sur ce point ont osé se faire entendre. La plus grande vigilance, aidée de l'apostolat des meilleurs, sera mise en activité contre ce danger.

Bon exemple. — Comme pour les conversations, ce point de la règle est d'une évidence complète. Nous n'en parlerons que pour signaler quelques détails.

Si une faute grave était commise publiquement contre les mœurs, il nous paraîtrait difficile de conserver les coupables. Les moindres légèretés seront réprimandées avec sévérité, et toute action tant soit peu répréhensible à ce point de vue, sera regardée comme absolument indigne d'un patronage et comme tout à fait intolérable dans une réunion de jeunes gens chrétiens.

Les aînés donneront le bon exemple en toutes choses, et y seront tenus par le Directeur, surtout sur les points essentiels de la règle.

Les jeunes gens se rappelleront avec quelle sévérité le monde jugera leur conduite et que, de leur part, tout propos risqué et toute étourderie serait un sujet de scandale.

Politesse. — Sur ce point, avouons-le, tout ou presque tout est à faire. Notre siècle de progrès ignore la politesse envers les pères et mères, les grands parents, les maîtres, les supérieurs, les vieillards, les égaux et les inférieurs.

Gaieté. — Elle n'est pas la dissipation ; mais la vraie et saine gaieté résulte de la joie d'une conscience tranquille et se réjouissant en Dieu, aussi bien dans les instants pénibles de la vie, que dans les moments où les soucis n'assiègent pas notre âme.

Chez certains enfants, on remarquera un besoin de rires bruyants et un grand entrain dans les jeux corporels et fatigants ; il n'y a rien qui puisse être en leur défaveur dans cette disposition. D'autres plus calmes, s'appliquent de préférence à des jeux plus doux ; si à cette disposition ils joignent la bonne humeur et la sincérité, ne les inquiétons pas. On rencontrera des enfants sombres, fermés, à l'humeur chagrine, ne recherchant pas et n'aimant pas à entendre un mot aimable du Directeur ; on s'en méfiera prudemment. Un beau jour, ils abandonneront Œuvre et pratiques religieuses et s'en iront grossir le nombre des haineux.

Au contraire de ceux-ci, le Directeur remarquera des enfants qui désireront un mot d'encouragement, qu'une bonne parole épanouira, rendra pleins d'entrain et comblera de joie. Si cette disposition n'est pas de leur part une manœuvre servile pour attirer sa bienveillance d'une façon particulière et une basse intrigue d'un esprit susceptible, égoïste et jaloux de posséder les faveurs des supérieurs, que le Directeur soit paternel avec ces enfants et aime à les encourager d'un mot ou d'un geste, mais sobrement.

La familiarité serait la ruine de l'OEuvre.

La gaieté de bon aloi est nécessaire, sans elle le patronage sera rapidement déserté et ses membres s'en iront chercher le bonheur dans les viles jouissances des passions immondes.

Comment entretenir la gaieté? — D'abord par la pureté des consciences : c'est un axiome

Ensuite, par des jeux bien choisis, bien entretenus et variés, mis à la disposition de tous, sans permettre à personne de les accaparer.

Selon les saisons, on variera la distribution des jeux, en tenant compte des dispositions et des goûts des enfants, sans toutefois obéir à ce qui ne serait qu'un caprice.

Insistons sur le bon entretien des jeux qui s'obtient par la surveillance personnelle et aussi par la charge de leur conservation confiée à un des jeunes gens, ou même à plusieurs, de sorte que les surveillants soient disséminés partout. Les jeux mal entretenus ne sont qu'un objet de dégoût pour les enfants.

On a beaucoup discuté sur l'opportunité des sociétés musicales, dans les OEuvres de Jeunesse. Les uns les redoutent, les autres les regardent comme de puissants moyens qui captivent les jeunes gens. Nous croyons que ces sociétés seront utiles ou nuisibles d'après les circonstances locales. Nous dirons ce que l'expérience nous a démontré sur ce sujet.

1° *Orphéon.* — A cette société, nous ne voyons que des avantages : qu'elle exécute soit du plain-chant, soit des morceaux de musique, des deux manières, les chanteurs seront satisfaits et les offices y trouveront un agréable relief. — Les cantiques populaires, le *Credo*, etc..., sont d'un grand effet, quand on sait entraîner la foule à y participer à l'aide d'un bon noyau de chanteurs.

2° *Fanfares.* — Les jeunes gens aiment la musique instrumentale. La fondation d'une fanfare est certainement un moyen de les occuper et de couper court aux sorties du soir, toujours très dangereuses. Ainsi considérée, elle offre de réels avantages. Mais les fanfares dans une Œuvre ont été si souvent la source de difficultés et de désertions, qu'il sera très prudent de ne les créer, que si la nécessité en est réelle, et après en avoir pesé avec soin les avantages et les inconvénients.

Chacun, avons-nous dit, agira d'après les circonstances locales. Mais blâmer ou bien recommander *à priori* ces sortes de fondations, serait ou trop sévère ou trop imprudent.

Théâtre. — Ici, encore, nous donnerons nos impressions sans vouloir les ériger en dogme.

Dans un patronage, il est absolument nécessaire de s'ingénier à *absorber* et le temps et l'esprit des jeunes gens. Nous avons cité la musique, nous y ajouterons le théâtre comme moyen d'une utilité qui, pour nous, n'offre plus de doutes.

Le choix des pièces sera judicieux. S'il se porte sur les drames sacrés tels que : La Passion, la Nativité, Joseph, etc..., ou sur les drames religieux et patriotiques tels que : les Fabius, St-Tarcisius, les Zouaves-Pontificaux, etc..., on arrivera, sans aucun doute, à pénétrer les acteurs de salutaires impressions et à leur faire préférer ces pièces aux comédies. Celles-ci, cependant, ne doivent pas être exclues complètement. Le Directeur saura les étudier, les retoucher et permettre ainsi quelques bons rires si bienfaisants, surtout quand ils sont innocents.

Le Directeur ne *souffrira* pas qu'un jeune acteur, applaudi pour ses succès, se croie indispensable et destiné à toujours remplir les rôles les plus en vue. Il posera d'avance, comme règle essentielle et indiscutable, que chacun acceptera sans jalousie ni mauvaise humeur le rôle qui lui sera offert, et il sera sévère à l'égard des prétentieux. En débutant et en agissant toujours de cette façon, on pourra risquer d'avoir parfois une pièce un peu moins bien réussie, mais de précieux avantages récompenseront de cette énergie.

§ III. — FORMATION SOCIALE.

Le jeune homme n'est pas appelé à vivre uniquement dans l'enceinte du patronage, avec ses amis et sous l'œil du Directeur ; il est encore un membre de la Société qui, dans les plans de la Providence, est régie d'après des principes aujourd'hui trop méconnus. Ces principes, les membres des patronages devront les connaître ; car s'ils ne sont pas prémunis, par une science sociale très soignée, contre les erreurs et les entraînements d'associations perverses, ils seront bientôt perdus à jamais.

On se demande parfois comment il peut se faire que des hommes élevés dans des collèges ecclésiastiques, ou dans des écoles libres réputées comme chrétiennes, soient si peu capables de défendre la vérité et la société, ou bien soient victimes des erreurs modernes sur les principes essentiels de la vie sociale et nationale. Or, la réponse est facile à trouver : leur éducation sociale a été, non pas négligée, mais oubliée. Aussi, nous le répétons, combien de sacrifices imposés à la charité chrétienne en faveur des maisons d'éducation ont été nuls dans leurs effets !

Donc, outre la réfutation des objections dirigées contre la religion et outre l'exposé de la vraie doctrine, le Directeur enseignera les questions sociales les plus fondamentales, en même temps qu'il réduira toujours à néant les attaques dirigées contre ces vérités.

Citons quelques-uns des principaux sujets qui seront utilement traités, laissant à chacun le soin d'en découvrir d'autres également très utiles :

1° Notion et respect de l'autorité divine et humaine ;

2° Rapports entre l'autorité religieuse et le pouvoir civil ;

3° Qualités d'une loi juste et obligeant en conscience ;

4° Notion de la liberté, — libertés modernes, — liberté d'association ;

5° Origine divine de la famille et indissolubilité du mariage ;

6° Respect dû aux parents, aux vieillards et à l'enfance;

7° Education chrétienne; — la laïcité ;

8° Dignité du chrétien, du patron, de l'ouvrier ; — leurs devoirs réciproques ; — conseil d'usine ;

9° Protection particulière due aux familles nombreuses;

10° Notion de la propriété. — Droit d'user et non pas d'abuser:

11° Le salaire d'après la notion chrétienne;

12° Moralité des ateliers, des rentrées et des sorties. — Choix sérieux des contre-maîtres;

13° Dangers de l'alcoolisme, — de la mauvaise Presse, — de la Franc-Maçonnerie, — des sociétés de musique et de gymnastique, etc. ;

14° De l'épargne, — caisses de secours;

15° Repos et sanctification du dimanche;

16° Devoir électoral;

17° Principales erreurs historiques:

18° Agriculture, — accaparement, — agiotage, — syndicats, etc., etc.

Nous ne prétendons pas donner ici la liste complète des thèses sociales ignorées aujourd'hui. Nous insistons cependant, encore une fois, sur leur nécessité absolue. Il serait désirable, en effet, que l'on ne puisse plus constater si douloureusement que les électeurs, même chrétiens, soient inféodés aux candidats sectaires et francs-maçons.

Que désormais l'éducation du patronage, comme celle du collège, soit une préparation virile et chrétienne à la vie sociale, et nous aurons des hommes sur lesquels nous pourrons compter.

Apostolat. — La vie chrétienne est essentiellement communicative de ses avantages, parce qu'étant la charité mise en pratique, elle participe de la nature de cette divine vertu. L'apostolat n'est autre que la charité qui communique la vérité et l'amour du bien.

Dieu nous l'impose et nous avertit que, lors du dernier

jugement, il nous demandera compte de l'âme de notre prochain.

Du reste, les méchants ont si bien compris la nécessité de l'apostolat, qu'ils peuvent faire rougir, dans leur acharnement à la diffusion du mal, un grand nombre de chrétiens insensibles à la propagande de la vérité.

Ici, nous adressons aux jeunes, à l'âme si accessible aux séductions du beau, du vrai et de toute idée noble et généreuse, un pressant appel à l'apostolat, au nom de Dieu, de leur salut et de celui de leurs semblables. Quel magnifique champ de bataille que celui de la défense de la vérité et des intérêts du peuple !

Les intérêts les plus sacrés de la jeunesse elle-même seront sauvegardés encore par l'apostolat ; car le jeune homme ayant fait sienne la cause de Dieu, ne l'abandonnera plus et tournera toutes ses ardeurs généreuses vers le bien et contre le mal dont il ne sera plus la victime, puisqu'il le combattra avec générosité et réflexion.

Les résultats obtenus par les *Chevaliers de la Croix* et par les jeunes gens de l'*Union Nationale,* ont été merveilleux à Paris et ailleurs. Ils osent, et sont facilement pardonnés s'ils s'avancent un peu loin, à cause de leur âge.

Vocations. — Ils sont nombreux les catéchistes qui ont rencontré dans certains enfants des marques d'appel à l'état religieux ou ecclésiastique, mais dont ils n'ont plus entendu parler après la première Communion. S'il est vrai que plusieurs, parmi ces apparences de vocations, étaient plutôt le résultat de l'imagination que de l'appel de Dieu, il est indubitable aussi que de vraies vocations ont été perdues, parce que les enfants n'étaient plus en rapports avec le prêtre, après le grand jour de la vie.

L'existence d'un patronage habilement dirigé devient, au contraire, l'assurance de nombreuses entrées dans les séminaires et les communautés religieuses. Un Directeur éclairé ne peut omettre en effet de suivre avec un soin jaloux ces jeunes âmes choisies de Dieu, de les guider et de les fortifier au milieu des obstacles du dehors.

CHAPITRE X.

Des qualités du Directeur.

Le Directeur est l'âme du patronage. — Cette Œuvre demande de nombreuses et solides qualités qui dépendront de sa formation cléricale et de son dévouement éclairé à la jeunesse.

§ I. FORMATION CLÉRICALE EN VUE DES PATRONAGES.

Cette formation s'adresse aux deux facultés maîtresses du jeune clerc, à son intelligence et à sa volonté.

1º *A l'Intelligence.* — Avant d'assumer la responsabilité si périlleuse d'une Œuvre, il faut en connaître la nécessité, le mécanisme, les avantages, les exigences et les difficultés.

Dans les Séminaires, les jeunes clercs sont scrupuleusement éclairés sur la nécessité du catéchisme, sur l'obligation *sub gravi* de l'enseigner souvent aux enfants, et sur les différentes méthodes qui assurent le succès de cette œuvre par excellence.

Mais en formant des préparateurs aux premières communions, il serait bon aussi d'inculquer à ces futurs catéchistes la conviction qu'ils sont destinés *ex munere* dans les paroisses rurales toujours et dans les paroisses urbaines quelquefois, à être des *continuateurs* capables de conserver les enfants devenus jeunes gens, dans la pratique des devoirs religieux.

C'est une erreur profonde et lamentable de penser que le ministère, à l'égard des enfants sortis du catéchisme, n'est autre que celui que l'on pratique envers les grandes personnes. Juger ainsi des devoirs du sacerdoce, ce serait réserver un avenir absolument irréligieux pour les hommes : mais d'un autre côté, il faut que le prêtre soit préparé à ce ministère de persévérance qui est le plus utile et le plus logique de nos jours.

Les patronages ont paru jusqu'ici réservés aux villes et au dévouement de un ou deux prêtres. C'est pourquoi, en vertu de leur nombre restreint, on n'a pas cru nécessaire de former les jeunes prêtres à leur direction. Mais qu'on veuille bien le remarquer, nous tournons dans un cercle vicieux. Les jeunes prêtres ne sont pas formés à ce ministère, parce que les patronages sont très rares, et ceux-ci sont peu nombreux parce que les prêtres ignorent la manière de les fonder et de les diriger. Cette lacune, dans l'éducation cléricale, n'a-t-elle pas été cause, en grande partie, que l'on a estimé les groupements de jeunes gens comme impossibles dans les campagnes, ou bien trop peu pratiques à cause de difficultés plutôt imaginaires que réelles. L'expérience de quelques prêtres prouve combien ces Œuvres sont possibles dans les paroisses rurales, mais ces curés dévoués ont dû se faire à eux-mêmes leur éducation sur ce point.

Nous nous refusons, en effet, à appeler préparation sérieuse à une Œuvre si importante, sa simple indication glissée au milieu d'une multiple énumération des créations du zèle moderne.

De même que les devoirs du catéchiste sont démontrés souvent et nettement, de même il sera bon que la nécessité des patronages soit *aussi souvent enseignée*, puisqu'ils sont la suite logique du catéchisme, ainsi que la manière pratique de les fonder et de les diriger, même dans les paroisses rurales.

Nous sommes persuadé que, si l'on voulait attribuer à cette œuvre l'importance qu'elle mérite, les persévérants seraient en nombre considérable dans dix ans.

Les Séminaires ne sont pas destinés uniquement, nous

le répétons, à la formation de préparateurs à la première Communion, mais aussi à celle de continuateurs de cette œuvre.

Si la jeunesse se perd en France, avouons-le, elle a trouvé plus d'acharnement chez ses corrupteurs que de dévouement éclairé chez ses guides et sauveurs providentiels. — Au moment le plus critique, à l'âge des passions, le clergé ne sera-t-il pas capable de tenter un suprême effort qui surpasse, par sa science divine, la rage sectaire et intelligente des impies? Pour remédier à cette lacune, Monseigneur de Saint-Brieuc, au Congrès des Œuvres réuni en sa ville épiscopale, au mois de septembre 1898, a déclaré solennellement, à la session de clôture, qu'il prenait l'engagement d'établir, dans les locaux du grand Séminaire, un patronage que surveilleraient les élèves, sous la direction de personnes compétentes. C'est ainsi que sa Grandeur a assuré la formation des jeunes clercs au fonctionnement de cette Œuvre.

Et, comme dernière réponse à toute objection, nous disons : Partout, à la ville et à la campagne, où l'on n'a négligé ni la formation religieuse, ni la formation sociale du jeune homme, le succès des patronages a été merveilleux.

2° *La Volonté.* — En face des difficultés inhérentes à toute fondation ou direction d'Œuvre, *il faut vouloir.*

Notre Seigneur ne nous a pas sauvés sans souffrir, les apôtres n'ont pas converti le monde sans subir les persécutions, et les hommes d'Œuvres ne se jettent pas dans la mêlée sans avoir à vaincre de nombreux obstacles.

Est-ce au prêtre à reculer? A Paris, nous connaissons des jeunes hommes, des employés de ministères, des chefs de bureau, des fils de familles nobles, etc..., qui, le dimanche, au lieu de prendre un repos bien mérité, se rendent dans les patronages, comme auxiliaires des prêtres directeurs.

A nous, curés ou vicaires, on demande, le dimanche, la surveillance de quelques enfants auxquels nous adresserons une solide instruction. — Pouvons-nous donc refuser ce ministère qui, en somme, est dû aux âmes, à moins d'avoir à rougir devant des laïques qui sacrifient leur tranquillité du dimanche, après les travaux pénibles de la semaine?

On s'exagère les difficultés et on ne prévoit pas les avantages remplis des plus douces consolations qui sont le fruit de cette œuvre. Demandez aux prêtres chargés d'une Œuvre nombreuse, très fatigante, s'ils regrettent leurs peines et s'ils ne sont pas disposés à tous les sacrifices pour obtenir quelques persévérants seulement, et même la simple diminution des péchés mortels : car ce fruit si encourageant est le plus minime que tout curé retirera du patronage le moins consolant ?

Nous formons donc le vœu très ardent de voir les directeurs des grands Séminaires fortifier de longue main les volontés des jeunes lévites par les considérations les plus apostoliques sur les patronages et les encourager par l'espoir de résultats qui sont loin d'être chimériques.

Et, quand bien même une Œuvre fondée tomberait par suite de circonstances de force majeure, croyez-vous à l'inutilité de vos efforts? Détrompez-vous ; outre vos mérites devant Dieu, vous aurez produit par là sur les âmes une impression incontestablement plus profonde que par le catéchisme.

Dans le diocèse de T...., trois jeunes gens, anciens membres de patronages, moururent dans la même année. Ils se préparèrent à la mort à 20 ans d'une façon si édifiante et trop rare aujourd'hui à cet âge, que les témoins en étaient émerveillés et émus jusqu'aux larmes. Ces trois jeunes mourants déclarèrent devoir leur bonne confession et leur pieuse communion en viatique au souvenir du patronage.

Ce résultat ne vaut-il pas, à lui seul, la peine de se fatiguer dans les charges de l'apostolat? Nous indiquerons plus loin les fruits d'une Œuvre toujours continuée.

Mais, dès maintenant, ne pouvons-nous pas affirmer que le patronage laisse nécessairement un souvenir salutaire dans l'âme du jeune homme qui a prié, reçu les sacrements et entendu les instructions et la réfutation des objections, jusqu'à l'âge de 16 ou 18 ans. Il y a une différence très sensible, et à l'avantage de la foi, entre les impressions qui ont pris fin à 12 ans et celles qui ont été fortifiées par la grâce et la science sacrée pendant 4, 5 et 6 ans en plus. Les premières disparaissent, dans notre siècle d'impiété, au point de ne plus en retrouver aucune trace, même à l'heure de la mort; mais les secondes demeurent.

Et, nouvelle considération, si les membres quittent, en une certaine proportion, les réunions après quelques années, ils en apprécieront plus tard le grand avantage en faveur de la jeunesse, lorsque, devenus pères de famille, ils chercheront à assurer une solide et vertueuse éducation à leurs propres enfants.

Alors, ces nouveaux membres, fils de ceux qui auront l'OEuvre en estime, y seront maintenus plus longtemps par la famille elle-même.

Ce sera le seul et unique moyen de reconstituer les familles sur des bases chrétiennes, en obtenant des succès partiels et progressifs sur les générations futures.

§ II. — DÉVOUEMENT ÉCLAIRÉ DU DIRECTEUR

On nous pardonnera les répétitions très faciles et presque inévitables dans ce paragraphe.

Signalons la qualité supérieure et essentielle que possédera nécessairement le prêtre chargé du patronage. — Il aimera l'âme des jeunes gens en prêtre de N. S. J.-C. Nous avons dit comment nous entendions déjà cet amour dévoué, en parlant de la formation chrétienne et sociale de la jeunesse. Nous voulons donc traiter ici seulement de la surveillance et du maintien du bon esprit parmi les jeunes gens, en même temps que de la conduite à tenir dans les épreuves qui seront le partage des membres de l'OEuvre.

Dans la surveillance des jeunes gens, le rôle du prêtre est d'une très grave importance :

1" Il adressera aux SS. Anges Gardiens des enfants et à S' Joseph, leur protecteur, une ardente prière pour implorer leur assistance contre le péché mortel et les accidents.

2° Il se rappellera les mesures de prudence nécessitées par les jeux corporels et parfois dangereux. Il saura encourager, en y prenant part lui-même, tous les jeux et surtout les plus absorbants, afin d'éviter ces groupes où *l'on philosophe* et où l'on est exposé aux conversations dangereuses.

3° Nous n'insisterons pas sur le point suivant, tant il doit être connu du prêtre : *Dans tous les rapports avec un jeune homme, il faut tenir compte de son caractère.* Faute de penser à ce principe, combien de fois n'a-t-on pas *brisé* l'avenir d'un enfant de 15 ou 18 ans?

4° Le prêtre sera l'ennemi des querelles et parviendra à les rendre moins fréquentes en démontrant très souvent, dans ses instructions, combien les disputes revêtent un caractère odieux, méprisable, et affligent le cœur du Directeur. Toujours celui-ci réprimandera, avec prudence il est vrai, les querelleurs, et excitera les plaignants, victimes des caractères difficiles, à avoir supporter les inégalités d'humeur de leurs camarades. Et lorsqu'un différend sera soumis à son arbitrage, il ne se prononcera en faveur d'un enfant que rarement, se bornant généralement à exciter à la concorde et au support mutuel.

Cependant, si l'on se trouve en face d'un jeune homme qui soit une cause de discorde, on agira sagement, après sûre et mûre constatation de ce défaut, en le réprimandant énergiquement, de façon à lui laisser voir que cette conduite ne sera pas supportée davantage. Un tel jeune homme pourrait, et cela se voit, troubler gravement l'harmonie d'une Œuvre.

5° Le Directeur donnera, chaque dimanche, une instruction claire et documentée de preuves incisives et appuyées par des exemples tirés de l'Écriture sainte, de l'histoire de France et de la vie des illustres chrétiens contemporains.

Ces réunions seront obligatoires, et l'on ne pourra s'en
exempter sans raisons très valables. Elles seront tenues
à une heure fixée d'avance, sans qu'il soit permis d'attendre les retardataires. De ces réunions dépend la formation
sociale et religieuse des jeunes gens. Ce point du règlement omis, le patronage tombera et n'aboutira à aucun
résultat. Aussi, tous les efforts du Directeur seront-ils
dirigés vers cette réunion, après l'assistance à la sainte
Messe. La Messe et l'instruction du soir sont les deux
bases indispensables, et ce serait une grave présomption
de la part du Directeur, que de ne pas préparer avec une
application très sérieuse, ce qu'il devra enseigner et réfu-
ter devant ses jeunes gens.

6° Dans les réprimandes méritées par les membres de
l'Œuvre, sachons que nous devons tenir compte du caractère particulier de chaque jeune homme, agir après de
mûres réflexions et sans vivacité, avec ménagements et
un grand esprit de justice.

Tout jeune homme est *susceptible* et, s'il méprise un Directeur faible, incapable de le diriger et d'éviter les désordres
dans le patronage, il ne pardonnera pas la moindre injustice
à son égard.

Souvent il estimera comme contraire à la justice une
mesure empreinte de sévérité, mais il aimera la fermeté
chez un prêtre bon et dévoué.

Il est donc très important de ne réprimander ni de sévir
ab irato, mais de savoir attendre... et distinguer entre fermeté et sévérité.

En général, le Directeur qui aura su prouver son affection
aux enfants, dans leurs joies, dans leurs peines et leurs
besoins, sera autorisé à adresser des réprimandes, plus que
tout autre. En certains cas, s'il sait revenir très franchement
sur une décision trop rigoureuse et trop rapide, il ne perdra
en rien de son prestige.

Car, si nous, de notre côté, nous pardonnons beaucoup
à la franchise du jeune homme, sachons que celui-ci en

est un des plus fervents admirateurs, quand elle est accompagnée de bonté et de dévouement.

« Si M. l'Abbé a agi ainsi, disent-ils dans les cas où ils
« seraient tentés de murmurer, c'est qu'il a été induit en
« erreur, mais lorsque la vérité lui sera connue, il reviendra
« à des mesures plus douces ».

Sachons acquérir cette estime dans l'esprit des jeunes gens, et ne craignons pas, nous prêtres, de leur répéter combien nous désirons la justice et la vérité, et combien nous serions heureux de revenir sur une décision, si on nous démontrait notre erreur. Ce raisonnement captive les jeunes gens exercés à la sincérité.

Il sera très utile de répéter souvent que si le prêtre reprend sur les défauts, c'est parce qu'il vise au plus grand bien de ceux qui lui sont confiés et les aime d'une sincère affection. — Mais une manière d'agir qui sentirait plutôt l'homme habile ou le diplomate, serait bien vite éventée et amènerait à la plus complète déconsidération.

Examinons maintenant les deux cas où l'on adressera des réprimandes, c'est-à-dire : 1º Pour une faute publique; 2º pour une faute privée.

Faute publique. — Elle demande évidemment un blâme public capable de sauvegarder le règlement et le bon exemple. Mais cette sanction sera-t-elle infligée devant tous les membres de l'OEuvre ; ou bien ne sera-t-il pas préférable que l'on sache, dans le patronage, que le Directeur a adressé des réprimandes au coupable, en particulier, et que ce dernier a regretté sa faute et promis de ne plus y retomber dans l'avenir?

Ainsi, on évitera d'irriter le délinquant et de le jeter dans la voie de la révolte en froissant trop vivement une susceptibilité avec laquelle on doit nécessairement compter. Ainsi encore, on parviendra à lui démontrer la gravité de sa faute, à lui donner amicalement de salutaires avis et à l'encourager puissamment dans le bien, tout en sauvegardant la discipline aux yeux des autres.

N'estimons pas comme peu de chose, qu'un jeune homme du monde, vivant dans un milieu qui ne veut plus entendre aucun avertissement, accepte d'être réprimandé, même en particulier, et supporte que ses amis de l'Œuvre connaissent avec quelle humilité il a accepté les remontrances du Directeur, et avec quelle sincérité il a promis de mieux agir. L'expérience prouve que, dans les cas ordinaires, il faut se borner à cette sanction.

Si cependant le coupable continuait à enfreindre gravement et publiquement le règlement et à montrer un esprit frondeur, nous sommes partisan d'une sanction publique assez sévère, et même du renvoi, s'il persiste dans cette voie, surtout si le bon ordre en est menacé. Avant tout, nous devons sauvegarder le bon esprit de l'Œuvre et nous agirons sagement en prévenant les jeunes gens de cette résolution inébranlable.

Mais cette modération d'une part et cette énergie de l'autre ne signifient pas que nous puissions, sans graves inconvénients, mériter la réputation de Directeur faible ou rigide. Les jeunes gens ont le culte de la justice.

Faute privée. — En dehors de la confession, le Directeur connaîtra des fautes d'un caractère privé. C'est dans ce cas qu'il jugera si véritablement le coupable possède l'indispensable vertu de la *sincérité* et si lui-même est honoré de l'entière confiance de ceux auxquels il a consacré son dévouement.

Le prêtre gagnera cette confiance, si à une horreur très souvent inculquée du moindre mensonge, il sait joindre une bienveillante simplicité dans la façon dont il entendra les aveux, à une paternelle affection toute prête à se laisser fléchir par la franchise. Ici, ne confondons pas l'amour de la vérité avec une dureté âpre dans les reproches, ou bien avec un abandon déplacé et contraire à la dignité sacerdotale. Mais il y a une façon d'agir qui ouvre les cœurs, protège les enfants contre la dissimulation et sauvegarde le prestige du prêtre.

Le ministre de Dieu, même en dehors de la confession, dans ses entrevues avec ses jeunes gens, saura encore entendre les aveux les plus graves sans témoigner aucune irritation et surtout sans montrer la moindre apparence de dédain ou de mépris pour le coupable. Ce serait un désastre si celui-ci ne voyait pas dans le prêtre un père miséricordieux et aussi, ne l'oublions pas, un médecin dont la fonction est de guérir les plaies de l'âme.

Le jeune homme, en dehors de la confession, pourra donc s'ouvrir sans confusion trop pénible et sans crainte de perdre l'estime et l'affection de son Directeur; ainsi, il ne courra pas les plus grands dangers de demeurer dans le vice, d'abandonner l'Œuvre ou de tomber dans le sacrilège. Cette dernière plaie, nous ne le répéterons jamais assez, est l'ennemi.

Est-ce à dire que le coupable pourra venir, avec insouciance, avouer une faute grave ou recevoir, sans les prendre au sérieux, les avis du Directeur? Non, nous ne tombons pas dans cet excès, puisque nous voulons que le jeune homme considère le prêtre et comme un tendre père et comme un médecin.

Dans notre ministère de la jeunesse, nous aimions à redire bien souvent, car le besoin en est fréquent, que toute faute loyalement avouée serait assurément pardonnée par nous. Jamais nous n'avons eu à nous repentir de cette méthode qui nous permettait de donner les avertissements nécessaires et toujours bien acceptés, d'employer immédiatement, ou à la fête la plus proche, les remèdes spirituels, et de faire rentrer ces âmes en grâce avec Dieu. La suite nous prouvait l'excellence de cette façon d'agir.

Le jeune homme ne résiste pas à la générosité accompagnée des moyens surnaturels.

CONCLUSION. — N'obligeons jamais, par un acte quelconque de notre part, le coupable à être confus, non pas de sa faute, mais de son aveu. — Laissons comprendre que le prêtre connaît et plaint sincèrement les faiblesses de l'humanité, — Ne laissons jamais, de cette façon, un jeune homme dans l'état de péché.

REMARQUE. — Y aurait-il certains cas où il serait bon de sévir plus rigoureusement?

En général, nous n'aimons pas l'emploi d'autres moyens que ceux que nous venons d'indiquer. Si l'on considère l'état actuel des esprits, le courage nécessaire pour fréquenter un patronage, la facilité effrayante de l'entraînement dans le mal, et aussi l'efficacité des réprimandes où la franchise du coupable, les avis du Directeur et parfois la réception des sacrements sont les principaux facteurs, on comprendra que nous conciliions la modération avec le maintien d'une discipline salutaire et efficace.

Sollicitude du prêtre à l'égard des jeunes gens qui sont dans la peine. — Soins du temporel.

Il arrive souvent, selon la loi divine portée contre l'homme après le péché originel, que les membres du patronage sont plongés dans la douleur, par suite de la mort des leurs, de maladies ou d'épreuves diverses. Le rôle du Directeur sera celui du père qui console et soutient son enfant; ce rôle, il le remplira dignement, s'il sait souffrir avec ceux que l'épreuve accable.

Lorsque le chômage, soit à la ville, soit à la campagne, menacera de jours sombres, le prêtre se mettra en œuvre pour trouver un travail rémunérateur.

Pendant les époques de misère, il deviendra la Providence du jeune homme qui sera dans la gêne, et saura sécher les larmes si amères d'une famille dans le besoin.

En un mot, le dimanche à l'Œuvre, pendant la semaine au foyer, à l'atelier, aux champs, il suivra ses enfants comme le plus dévoué des pères, et ne sera heureux et tranquille que lorsque le bonheur et la paix seront le partage des siens.

Son rôle deviendra alors surhumain aux yeux des

parents; ceux-ci, même s'ils sont impies, seront subjugués par la charité sacerdotale s'exerçant avec toutes ses ingénieuses et délicates combinaisons. Le prêtre alors surabondera d'une joie surnaturelle qui surpasse toute imagination.

Nous ne dirons qu'un mot de l'épargne. C'est un véritable service à rendre à un jeune homme que de lui apprendre à placer quelques économies proportionnées à son salaire, à la caisse d'épargne; à faire partie des sociétés de secours mutuels, etc... La religion catholique ne tend pas seulement à la félicité éternelle, mais aussi au bonheur temporel qui aide souvent à la pratique de la vertu.

Relations du Directeur avec les parents des jeunes gens.

Il n'est pas extraordinaire de rencontrer des jeunes gens, dociles et respectueux au patronage, mais peu obéissants et peu convenables au foyer. Cette différence tient à la fermeté de la règle de l'Œuvre et à la faiblesse coupable des parents. Le prêtre chargé de l'Œuvre devra-t-il s'enquérir de leur conduite au foyer ? Assurément ; s'il rencontre dans les parents des personnes assez sérieuses pour dévoiler sincèrement les défauts de leurs enfants, il en retirera des renseignements précieux et capables de le guider dans les avertissements à adresser aux coupables.

Mais que le Directeur ne s'imagine pas toujours recueillir la vérité des pères et des mères assez faibles et assez insensés pour voiler les défauts des leurs.

Malgré cet inconvénient, il sera toujours très utile, en usant de perspicacité, d'entrer en relations avec les parents.

Ceux-ci seront heureux de constater le dévouement du prêtre, laisseront entrevoir la vérité sur leurs enfants de temps à autre, auront recours dans certaines difficultés à celui qui aime les leurs, et ainsi s'établira nécessairement un lien de relations si favorables à un ministère fructueux.

Quoi qu'il en soit, du reste, le Directeur reviendra souvent, dans ses instructions, sur le respect et l'obéissance dus aux parents. Il ne se lassera pas dans ses avertissements et voudra parvenir à enchanter les pères et mères sur les heureux résultats du patronage. Ce sera une recommandation très appréciable en faveur du recrutement de l'Œuvre.

CHAPITRE XI.

Règle.

A un patronage, il faut une règle que l'on ne confondra pas avec les détails minutieux d'un règlement. Ceux-ci ne peuvent être les mêmes partout. Nous pensons qu'il sera très avantageux de les donner séparément de la règle, afin de ne pas égarer les esprits des jeunes gens et de ne pas les jeter dans la confusion sur ce qui est de règle, ou bien seulement de règlement. La règle contient les points essentiels et les principes vitaux de l'Œuvre ; le règlement regarde certains détails plus ou moins importants.

Voici la règle qui a nos préférences :

1° Sincérité en toutes choses.

2° Foi éclairée reposant sur la parole de Dieu. — Science sociale, — d'où nécessité des réunions chaque dimanche.

3° Vie de la grâce, — d'où assistance à la messe du dimanche, prières, — fréquentation des sacrements plusieurs fois par an.

4° Récréation, — harmonie, — soin des jeux, — horreur des moindres paroles légères.

5° Présences, — régularité, — ne jamais sortir sans la permission du surveillant, — ne jamais manquer aux récréations du soir, après dîner, sans avoir averti et *donné* l'emploi projeté de son temps, — arrivée à l'Œuvre et retour à la maison, à l'heure exacte, surtout le soir.

6° Compagnies, — bon exemple, — politesse. — Interdiction absolue de faire partie d'autres Sociétés de musique, gymnastique, etc...

Nota. — Comme sujet d'instructions, le Directeur choisira assez souvent les points divers de la règle et prendra à tâche de les faire goûter par les jeunes gens.

Cette règle a été vécue et contient la formation du jeune chrétien, en même temps que sa préservation morale.

A quelle messe assisteront les jeunes gens? Notre réponse sera très facile pour toutes les villes et localités où il n'y a qu'une église. Ce sera donc à la paroisse que la messe sera entendue. Il sera même très avantageux et très attrayant de grouper les membres de l'Œuvre pour le chant et d'entraîner, avec leur concours, toute l'assistance à y prendre part.

Dans les villes divisées en plusieurs paroisses, nous demandons que l'on veuille bien étudier, sans parti pris, cette grave question, source de quelques malentendus entre MM. les Curés et les Directeurs d'Œuvres. De ce conflit est résulté trop souvent un moindre zèle pour diriger les enfants vers les patronages et un grand nombre de défections parmi ceux qui auraient pu persévérer.

A notre humble avis, s'il est très désirable d'arriver à avoir les jeunes gens aux offices de la paroisse, il est aussi parfois bien difficile de réaliser ce vœu très légitime. Mais nous reconnaissons que ce but ne doit pas être négligé et que MM. les Curés et Directeurs d'Œuvres retireront de très précieux avantages d'un échange de vues sur ce point important.

CHAPITRE XII.

Est-il possible de faire persévérer les jeunes gens jusqu'au service militaire, — et au-delà ? — Réponse : Oui.

1° *Jusqu'au service militaire.* — L'expérience prouve surabondamment cette vérité. Le nombre en sera même plus considérable au fur et à mesure que le clergé paroissial et les directeurs d'écoles, considérant les patronages comme le salut de la jeunesse, n'auront de paix et de tranquillité que lorsqu'ils auront obtenu l'entrée de leurs enfants dans ces Œuvres. De plus, ils sauront les suivre, les encourager et visiter les familles, montrant par là que l'union si nécessaire, entre eux et le Directeur, est réalisée.

Lorsque les patronages seront multipliés et permettront de recevoir, sous l'impulsion bienfaisante des catéchistes et des Frères, un plus grand nombre d'adhérents, les persévérants, malgré les défections inévitables, deviendront un groupe imposant.

Ce résultat sera encore plus sensible, quand on saura intéresser les jeunes gens aux vérités de la foi et aux vérités sociales par la formation dont nous avons parlé et par l'esprit d'apostolat.

Donc le succès sera assuré à deux conditions : 1° union entre le clergé, les Frères et les Directeurs d'Œuvres; 2° science de la foi, des vérités sociales et de la vie de la grâce; et apostolat.

2° *Au-delà.* — C'est-à-dire après le service militaire. — Le service militaire est aujourd'hui un écueil moins redoutable qu'autrefois, depuis que l'on a institué des Œuvres catholiques pour les soldats.

Au départ de la classe, célébration de la messe du départ, — distribution du manuel, — relations entre le Directeur du patronage, le curé et le prêtre chargé du cercle militaire. — Envoi d'argent par les parents, non pas aux jeunes gens, mais au Directeur de leur cercle. — Écrire aux jeunes gens, etc...

Nous pouvons affirmer que nous connaissons des jeunes gens que la fréquentation de ces cercles a transformés en chrétiens courageux et inébranlables. Mais ne négligeons aucun des moyens énoncés ci-dessus. Rappelons-nous que, si les jeunes soldats ne fréquentent pas les Œuvres militaires, ils nous reviendront peut-être impies ou pour le moins indifférents. La sollicitude consacrée à recruter les

Œuvres dans les paroisses, doit être aussi dévouée et aussi apostolique pour faire entrer les jeunes soldats dans les cercles militaires catholiques. C'est là une nécessité actuelle.

CHAPITRE XIII.

Critiques.

On peut tout critiquer ; les Saints n'ont pas échappé à la méchanceté des langues.

Répondrons-nous aux critiques formulées contre les patronages ? — Non ; mais nous nous contenterons de rappeler que si le bien ne se fait pas aujourd'hui, autant qu'il serait permis de l'espérer, en tenant compte des difficultés actuelles, une des causes est certainement que l'esprit de critique a diminué l'union nécessaire entre les prêtres. Au lieu de nous en tenir à déplorer certains défauts ou quelques imperfections, unissons-nous pour nous encourager, nous démontrer nos causes d'insuccès et les remèdes à employer pour faire disparaître les maux présents. — En ce cas, nous comprendrions les critiques formulées dans cet esprit d'apostolat sincèrement heureux du bien opéré et desireux de l'augmenter.

CONCLUSION

Les patronages sont nécessaires. Ils seront prospères lorsque l'union la plus étroite rendra le clergé fort et invincible. — Ils demandent, même à la campagne, un grand dévouement de la part du Directeur; mais ils apportent, comme compensation aux fatigues et aux déboires, les consolations les plus douces que le zèle sacerdotal puisse désirer. S'ils exigent un cœur généreux, ils ne pourront encore être bien conduits que par des prêtres résolus à instruire et à faire régner la vie de la grâce.

Le prêtre, qui voudra peser devant Dieu toutes les raisons qui militent en faveur de cette œuvre, verra les objections s'évanouir rapidement.

Mais les patronages ne seront vraiment entrés dans la pratique du ministère, que lorsqu'on leur aura fait une part dans l'éducation donnée au séminaire.

www.ingramcontent.com/pod-product-compliance
Lightning Source LLC
LaVergne TN
LVHW022021080426
835513LV00009B/831